VENTE
AUX ENCHÈRES PUBLIQUES
Les 11 et 12 Décembre 1905
HOTEL DROUOT, SALLE N° 1
à deux heures

EXPOSITION PUBLIQUE
Le Dimanche 10 Décembre 1905
DE 2 HEURES A 6 HEURES

11 Décembre 1905
V

VENTE DELAFONTAINE

OBJETS D'ART

Œuvres de BARYE

BRONZES D'AMEUBLEMENT

COMMISSAIRE-PRISEUR
Me ANDRÉ COUTURIER
Succr de Me LÉON TUAL
56, rue de la Victoire

EXPERTS
MM. J. BOUHON et A. GORGES
12, rue Debelleyme | 64, rue de Turenne

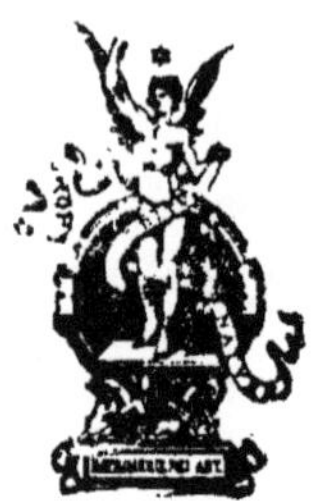

CATALOGUE

DES

OBJETS D'ART

ET

BRONZES D'AMEUBLEMENT

Provenant de la Maison DELAFONTAINE

Fondée en 1772

ŒUVRES DE BARYE

Marbres — Terre cuite

STATUETTES ET GROUPES

GARNITURES DE CHEMINÉES ET DE FOYERS

LUSTRES ET APPLIQUES

Émaux cloisonnés anciens

VASES, PORCELAINES ET CRISTAUX

MONTURES DE BRONZES DE STYLE

Tables, Guéridons, Garnitures de Bureaux, etc.

DONT LA VENTE

Par suite de cessation de fabrication

AURA LIEU

En vertu d'une autorisation du Tribunal de Commerce de la Seine, en date du 14 Novembre 1905

HOTEL DROUOT, SALLE N° 1

LES LUNDI 11 ET MARDI 12 DÉCEMBRE 1905

à deux heures

COMMISSAIRE-PRISEUR

Me ANDRÉ COUTURIER, 56, rue de la Victoire

Successeur de Me LÉON TUAL

Chez lequel se trouve le Catalogue

EXPERTS

M. J. BOUHON
12, rue Debelleyme

M. A. GORGES
64, rue de Turenne

EXPOSITION PUBLIQUE

Le Dimanche 10 Décembre 1905, de 2 h. à 6 h.

PARIS — 1905

CONDITIONS DE LA VENTE

La vente sera faite expressément au comptant.

Les acquéreurs paieront *dix pour cent* en sus des prix d'adjudication.

L'Exposition mettant le public à même de se rendre compte de l'état et de la nature des objets, aucune réclamation ne sera admise une fois l'adjudication prononcée.

Les objets figurant au présent Catalogue sont vendus sans aucun droit de reproduction.

Paris. — Imp. de l'Art, E. Moreau et Cie, 41, rue de la Victoire.

DÉSIGNATION

ŒUVRES DE BARYE

ET ANIMAUX DIVERS

1 — Cheval, de *Barye.*

2 — Chien en arrêt sur faisan, de *Barye.*

3 — Epagneul en arrêt sur lapin, de *Barye.*

4 — Cerf grattant ses bois, de *Jacquemard.*

5 — Panthère, de *Jacquemard.*

6 — Éléphant, bronze moulé sur terre cuite.

7 — Chien griffon, de *Lafont.*

8 — Deux cigognes, pour porte-montre.

MARBRES ET TERRE CUITE

9 — Ave Maria, grand bas-relief, marbre, par *Oudiné.*

10 — Vénus, statuette, marbre, par *Oudiné.*

11 — Grand buste, terre cuite, style Louis XVI, sur colonne marbre, par *Coudray.*

ŒUVRES DE DURET

12 — Danseur aux castagnettes. — Haut., 1 mètre.

13 — Danseur au tambourin. — Haut., 1 mètre.

14 — Improvisateur. — Haut., 1 mètre.

15 — Danseur aux castagnettes. — Haut., 45 cent.

16 — Danseur au tambourin. — Haut., 55 cent.

17 — Improvisateur. — Haut., 55 cent.

18 — Improvisateur. — Haut., 45 cent.

19 — Danseuse. — Haut., 55 cent.

20 — Mercure inventant la lyre. — Haut., 1 mètre.

21 — Mercure inventant la lyre. — Haut., 65 cent.

22 — Tragédie. — Haut., 1 mètre.

23 — Tragédie. — Haut., 55 cent.

24 — Comédie. — Haut., 1 mètre.

25 — Comédie. — Haut., 55 cent.

26 — Comédie, esquisse. — Haut., 40 cent.

27 — Rachel (dans Phèdre).

28 — Danseuse, esquisse.

STATUAIRE ANTIQUE

29 — Diane de Gabies. — Haut., 75 cent.

30 — Diane de Gabies. — Haut., 65 cent.

31 — Silène à l'outre.

STATUAIRE
DES XVIe, XVIIe ET XVIIIe SIÈCLES

32 — Statuette: Moïse, de *Michel-Ange*. — Haut., 55 cent.

33 — Statuette: Moïse, de *Michel-Ange*. — Haut., 50 cent.

34 — Statuette: Moïse, de *Michel-Ange*. — Haut., 20 cent.

35 — Deux groupes: Les Trois Grâces, de *Germain Pilon*. (Ce lot sera divisé.)

36 — Deux statuettes: Mercure et Fortune, de *Jean de Bologne*. Disposées pour le gaz, avec socles à bas-reliefs.

37 — Statuette: Fortune, de *Jean de Bologne*. Sur pied marbre. — Haut., 50 cent.

38 — Statuette: Mercure et Fortune, de *Jean de Bologne*. Sur pied marbre. — Haut., 35 cent.

39 — Statuette: Fortune, de *Elias Robert*. Sur socle en bas-relief, non terminée. — Haut., 50 cent.

40 — Deux statuettes : Mercure et Fortune, de *Jean de Bologne*. Pour le gaz, non terminées. — Haut., 50 cent.

41 — Statuette : Fortune, de *Elias Robert*, non terminée. — Haut., 35 cent.

42 — La Vierge de Bruges, de *Michel Ange*.

43 — Groupe : Borée enlevant Orithie, de *Gaspard Marsy*. Sur socle, bronze doré.

44 — Groupe : Jeune Homme aux amours, de *Clodion*. Sur socle Louis XV, bronze doré.

45 — Groupe : Jeune Fille aux Amours, de *Clodion*. Sur socle Louis XV, bronze doré.

46 — Groupe : Faune et deux enfants, de *Clodion*. Sur socle Louis XV, bronze doré.

47 — Groupe : Bacchante et enfants, de *Schœnewerk*. Sur socle Louis XVI, bronze doré.

48 — Corneille assis, de *Caffieri* (1779).

49 — Diane, de *Houdon*.

ARTISTES DIVERS

50 — Statuette : Henri IV, de *Bosio*.

51 — Statuette : Jeune Fille au miroir, de *Cavelier*.

52 — Statuette : Vendangeuse, de *Hallou*.

53 — Statuette : Fileuse, de *Mathurin Moreau*.

54 — Statuette : Phryné, de *Pradier*.

55 — Statuette : Saint-Bruno.

56 — Christ ; bronze d'art.

57 — Statuette : Jeune Fille au chevreau, de *Klagmann*.

58 — Statuette : Vierge aux Étoiles, de *Leharivel-Durocher*. — Haut., 40 cent.

59 — Statuette : Vierge aux Étoiles, de *Leharivel-Durocher*. Décor or et argent. — Haut., 30 cent.

60 — Statuette : Enfant-Dieu, de *Elias Robert*. — Haut., 40 cent.

61 — Deux statuettes : Enfant Dieu, de *Elias Robert*. Haut., 20 cent. (Ce lot sera divisé.)

62 — Statuette : Enfant Christ couché.

63 — Statuette : Rabelais, de *Elias Robert*.

64 — Enfant à la panthère, de *Elias Robert*.

65 — Statuette : L'Innocence allaitant l'Amour, de *Prothaut*.

66 — Statuette : Mousse pêcheur.

67 — Deux statuettes : Guigneur et Guigneuse, de *Elias Robert*. (Ce lot sera divisé.)

68 — Statuette : Sapho, de *Elias Robert*.

STATUETTES ET FIGURINES

POUR ÉTAGÈRES ET PRESSE-PAPIER

69 — Cinq statuettes : Enfants, de *François Flamand.* (Ce lot sera divisé.)

70 — Trois statuettes : Enfants. Style Louis XVI sur ancien. (Ce lot sera divisé.)

71 — Statuette : Faune assis, de *Michel Ange.*

72 — Groupe : Amour et Psyché, sur ancien.

73 — Groupe : Deux enfants au raisin, de *Clodion.*

74 — Deux paires de statuettes : Danseurs, de *Elias Robert.* (Ce lot sera divisé.)

75 — Trois paires de statuettes : Danseuses et une statuette : Bacchante, de *Elias Robert.* (Ce lot sera divisé.)

76 — Satuette : Vénus au miroir. Ecole italienne.

77 — Groupe : Amours et faunes, de *Mme Léon Bertaux.*

78 — Statuette : Napoléon debout, de *Chauvet.*

79 — Statuette : Fortune, de *Elias Robert.* Haut., 28 cent.

80 — Statuette : Bronze chinois.

81 — Statuette : Enfant ivre.

82 — Deux statuettes : Jupiter olympien et Jupiter aux rayons. Musée du Louvre. (Ce lot sera divisé.)

83 — Statuette : Apollon assis.

84 — Statuette : Jeune Bacchus sur un tonneau.

85 — Statuette : Jupiter debout.

86 — Cinq statuettes : Femmes debout, de *Tanagra*. (Ce lot sera divisé.)

87 — Trois statuettes : bronze vert, d'après l'antique. (Ce lot sera divisé.)

88 — Statuette : Faune flûteur, d'après l'antique.

89 — Statuette : Mercure, d'après l'antique.

90 — Statuette : Gladiateur, d'après l'antique.

91 — Statuette : Baigneuse à l'urne, d'après l'antique.

92 — Statuette : Hercule à la massue, d'après l'antique.

93 — Statuette : Silène, d'après l'antique.

94 — Deux statuettes : Ganimède, d'après l'antique. (Ce lot sera divisé.)

(*Collection de Caylus.*)

95 — Statuette : Mime, d'après l'antique.

96 — Huit statuettes diverses, d'après l'antique. (Ce lot sera divisé.)

97 — Animaux divers, d'après l'antique. (Ce lot sera divisé.)

98 — Douze presse-papiers divers. (Ce lot sera divisé.)

99 — Monument égyptien. Bronzé.

100 — Cachets divers. (Ce lot sera divisé.)

BUSTES

101 — Buste : Faune, de *Coudray*.

102 — Buste : Ariane, d'après l'antique.

103 — Deux bustes : Henri IV et Marie de Médicis, sur anciens.

104 — Deux bustes : Baiser, de *Houdon* et de *Schœnewerk*. (Ce lot sera divisé.)

105 — Buste : Washington.

106 — Buste : Napoléon.

107 — Buste : Erigone, de *Marin* (1799).

108 — Buste : Bas-relief, d'après l'antique.

BAS-RELIEFS DIVERS

109 — Deux bas-reliefs bronzés, de *Jean Goujon*.

110 — Quatre bas reliefs, Louis XIV : Les Saisons, bronzés, sur ancien.

111 — Bas-relief : Diane couchée, de *Jean Goujon*.

112 — Bas-relief : Amphitrite. Style Renaissance.

113 — Deux bas-reliefs : Enfants. Style Renaissance.

114 — Deux bas-reliefs : Romains, sur antique.

115 — Deux bas-reliefs ovales sur peluche. Époque de la Renaissance.

116 — Bénitier : Deux Enfants. Bronze argenté.

VASES, COUPES
JARDINIÈRES ET LAMPES

117 — Vase Warwick. — Haut., 28 cent.; diam., 30 cent.

118 — Vase Warwick. — Haut., 22 cent.; diam., 21 cent.

119 — Vase Warwick. — Haut., 15 cent.; diam., 15 cent.

120 — Vase : Socibus, bronze vert.

121 — Vase à bas-relief du Musée de Londres, décor or et argent.

122 — Vase grec uni.

123 — Vase : Signes du Zodiaque, bronze vert.

124 — Vase à quatre mascarons, bronze vert antique.

125 — Deux vases de Lons-le-Saulnier, d'après l'antique.

126 — Deux vases, marbre noir, à bas-reliefs, du Parthénon.

127 — Vase Médicis.

128 — Deux vases, forme Médicis, de *Clodion*, à bas-reliefs, sur ancien.

129 — Mortier Renaissance, sur ancien.

130 — Vase à bas-relief, moulé sur ivoire.

131 — Plat et son aiguière, de *Briot*, décor or et argent. (Musée du Louvre.)

132 — Plat bronzé, de *Briot*. (Musée du Louvre.)

133 — Plat et son aiguière, de *Briot*, bronze patiné. (Musée de Cluny.)

134 — Plat bronzé, de *Briot*. (Musée de Cluny.)

135 — Plateau : Les Saisons, de *Solon*.

136 — Pot à tabac : Triomphe d'Amphitrite.

137 — Buire Renaissance, de *Jean Goujon*.

138 — Coupe ovale : Les Raisins, bronze poli.

139 — Coupe ovale, pied syrènes, bronze doré.

140 — Deux coupes : Chasse, anses serpents, or et argent.

141 — Grande coupe sur pied : Les Trois Grâces, de *Cermain Pilon*.

142 — Vase cache-pot : Triomphe de Bacchus, or et argent.

143 — Vase Louis XVI : Duplessis. Bronzé.

144 — Deux coupes : Les Noisettes. Bronze vert.

145 — Deux coupes : Bambou. Bronzées.

146 — Deux coupes : Lézard. Bronzées.

147 — Coupe : Buste Phébé.

148 — Trois coupes : Anses panthères. Deux bronzées. Une dorée. (Ce lot sera divisé.)

149 — Grande coupe, bronze doré. (Camée de la Bibliothèque Nationale.)

150 — Trois coupes persanes ajourées. (Ce lot sera divisé.)

151 — Cinq coupes persanes, bronze vernis or. (Ce lot sera divisé.)

152 — Six coupes diverses, bronzées. (Ce lot sera divisé.)

153 — Deux coupes onyx, pieds dauphins.

154 — Quatre coupes du Trésor de Hildesheim, bronze doré et argenté. (Ce lot sera divisé.)

155 — Deux plateaux divers, argentés : Un médaillon Henri IV et un persan. (Ce lot sera divisé.)

156 — Trois coupes persanes à couvercle. (Ce lot sera divisé.)

157 — Vase, anses vigne, à bas-relief, de *Clodion*.

158 — Pot à bière, de *Briot*.

159 — Coupe, pied cariatide, marbre rouge antique.

160 — Vase-tube, moulé sur ivoire.

161 — Deux pots à tabac persans à couvercle. (Ce lot sera divisé.)

162 — Deux vases bronze, japonais, anciens.

163 — Deux vases anses papillons, bronze et or.

164 — Quatre vases japonais carrés, grand modèle. Deux bronzés. Deux dorés. (Ce lot sera divisé.)

165 — Deux vases japonais carrés, petit modèle, bronzés.

166 — Six vases japonais hauts, forme ronde, bronzés. (Ce lot sera divisé.)

167 — Six vases japonais bas, forme ronde. Or et bronze et or et argent. (Ce lot sera divisé.)

168 — Six vases japonais à anneaux, forme carrée. (Ce lot sera divisé.)

169 — Cinq vases japonais à anneaux, forme ronde. (Ce lot sera divisé.)

170 — Pot à tabac japonais carré, à têtes d'éléphants.

171 — Jardinière carrée, bronze doré.

172 — Jardinière faïence. Monture à cariatides, de *Schœnewerk*. Bronze doré.

173 — Quatre drageoirs à couvercle, argent et bronze. (Ce lot sera divisé.)

174 — Trois petites jardinières japonaises bronzées. (Ce lot sera divisé.)

175 — Crémier, bronze argenté.

176 — Corbeille de table en cristal taillé. Monture Louis XV, bronze doré.

177 — Coupe marbre : fleur de pêcher, anses Louis XVI, bronze doré.

178 — Vase, marbre : fleur de pêcher, monture anses têtes de faunes Louis XVI, bronze doré.

179 — Deux vases Louis XVI : œufs. Vernis or et bronze. Pieds marbre griotte.

180 — Deux vases pour rampes d'escalier, bronze vernis or.

181 — Deux lampes-trépieds Louis XVI, pour le pétrole. Bronze doré.

182 — Grande lampe : deux femmes, pour pétrole ou électricité. Bronze doré, sur pied marbre onyx.

183 — Lampe, buire, de *Jean Goujon.*

184 — Deux lampes, bas-relief : Silène.

185 — Deux lampes, style japonais.

186 — Lampe Renaissance pour pétrole : Esclaves de Venise. Bronze florentin.

187 — Deux lampes à bas-reliefs, du Parthénon.

188 — Trois vases japonais, décor vernis or. (Ce lot sera divisé.)

189 — Lampe-cassolette Louis XVI, pour électricité. Bronze doré.

PORTE-FLEURS DIVERS

190 — Porte-fleurs : trois syrènes, bronze doré, avec cornet cristal.

191 — Porte-fleurs : Pêcheur et Pêcheuse, de *Coudray*, argent et or, avec cornets cristal.

192 — Deux porte-bouquets, cornets Louis XVI, bronze doré.

193 — Deux porte-fleurs : fuschia, bronze poli.

194 — Porte-fleurs-vase Louis XVI.

195 — Porte-fleurs-vase à pans creux, or et argent.

196 — Porte-fleurs-vase à pans, bronze poli.

197 — Deux porte-bouquets-vases grecs.

198 — Porte-fleurs rond, pied à pans.

199 — Deux porte-fleurs persans.

200 — Deux porte-fleurs japonais à gravure, bronzés.

201 — Porte-fleurs japonais.

202 — Quatre porte-fleurs chinois, vernis or. (Ce lot sera divisé.)

203 — Quatre porte-fleurs japonais, à chimères, vernis or. (Ce lot sera divisé.)

204 — Six porte-fleurs coquille, vernis or. (Ce lot sera divisé.)

205 — Diverses montures bambou pour porte-bouquets.

VASES AVEC MONTURES

EN BRONZE

MARBRE, CÉRAMIQUE OU CRISTAL

206 — Quatre vases, porcelaine grand feu, de *Chaplet*. Montures Louis XV, bronze doré. (Ce lot sera divisé.)

207 — Deux vases, porcelaine grand feu, de *Chaplet*. Montures Louis XV, orfèvrerie, bronze doré.

208 — Deux vases, émaux roses anciens. Montures orfèvrerie, bronze doré.

209 — Deux porte-fleurs, cristal. Montures orfèverie, bronze doré.

210 — Quatre vases, porcelaines grand feu, de *Chaplet*. Montures diverses, bronze doré. (Ce lot sera divisé.)

211 — Deux vases japonais. Montures bronze doré.

212 — Vase cristal flammé. Monture bronze doré.

213 — Vase cristal flammé, craquelé. Monture bronze argenté.

214 — Petite théière, émail cloisonné. Monture japonaise.

215 — Vase ovale, porcelaine gros bleu de Sèvres. Monture Louis XV, bronze doré.

216 — Grande jardinière, porcelaine ancienne de Satsuma. Monture Louis XV, bronze doré.

217 — Plateau double face, émail cloisonné japonais, ancien.

218 — Coupe, gros bleu, émail cloisonné japonais, ancien.

219 — Vide-poche, émail cloisonné japonais.

VASES NON MONTÉS

PORCELAINE, CÉRAMIQUE OU CRISTAL

220 — Deux bouteilles, porcelaine Satsuma, à décor fleurs.

221 — Trois vases, cristal granité.

222 — Soupière, faïence polychrome.

223 — Trois plaques décorées. Porcelaine ancienne de Satsuma.

224 — Vase, faïence de La Haye.

225 — Vase, porcelaine, de la Manufacture de Sèvres.

226 — Deux groupes, faïence anglaise.

227 — Deux enfants musiciens, genre Saxe.

228 — Deux vases à onguents, porcelaine genre Saxe, avec couvercles.

229 — Chardonneret, porcelaine genre Saxe.

230 — Deux flacons, cristal émaillé.

231 — Paire de vases japonais, décor bleu, rose et or.

232 — Vase, porcelaine de Chine, à personnages.

233 — Vase, vieux Delft.

234 — Vase, vieux Nevers.

234 *bis* — Chien, porcelaine de Saxe.

235 — Statuette, grès laqué du Japon.

236 — Deux vases, flambé ancien, décor vert.

237 — Deux vases, porcelaine, décor bleu fouetté.

238 — Deux vases, porcelaine, à couvercle, décor bleu fouetté.

239 — Deux vases, flambé du Japon, violet.

240 — Deux vases à côtes, Chine, rouge fin.

241 — Vase, porcelaine rouge, et cuvette, porcelaine craquelée. Japon ancien.

242 — Vase, flambé rouge de Chine.

243 — Grande jardinière, flambé rouge.

244 — Deux vases-bouteilles et une vasque. Porcelaine marron.

245 — Trois vases-bouteilles, porcelaine grand feu, de *Chaplet*.

246 — Une bouteille et deux jardinières, porcelaine grand feu, de *Chaplet*.

247 — Deux vases, Japon ancien, pour lampes.

248 — Deux grands vases à couvercles, faïence de Delft.

249 — Deux grosses boules, cristal rouge.

250 — Grand vase, cristal.

GARNITURES DE CHEMINÉES

PENDULES ET CANDÉLABRES

251 — Pendule-astronomie Louis XVI et paire de candélabres d'accompagnement, à deux femmes, à dix lumières, décor bronze doré et bronze vert. Louis XVI.

252 — Pendule Renaissance : Figures, de *Schoenewerk*, et paire de candélabres Renaissance, décor bronze doré.

253 — Pendule Renaissance : Figures, de *Schoenewerk*, et paire de candélabres Renaissance, bronze poli.

254 — Pendule Louis XVI, à buste, et paire de candélabres d'accompagnement, décor bronze doré.

255 — Pendule Louis XVI : Enfant architecture, marbre griotte, et paire de candélabres à vases d'accompagnement, décor bronze vert et doré.

256 — Pendule Louis XVI : Deux Enfants porteurs, avec marbre blanc, sur ancien, et paire de bouts de table Louis XVI d'accompagnement, d'après *Forty*, décor bronze doré.

257 — Pendule Louis XVI : Lion, bronze doré et bronze vert, sur ancien, et paire de candélabres : Enfants, bronze doré, sur ancien.

258 — Pendule persane, paire de candélabres et paire de coupes d'accompagnement.

PENDULES ET CARTELS

259 — Peudule Louis XVI, à consoles, marbre bleu turquin, de *Coupri*, décor bronze doré.

260 — Pendule Louis XV, bronze doré.

(*Collection Mallinet.*)

261 — Pendule Louis XV, à bas socle, bronze doré.

(*Collection Mallinet.*)

262 — Pendule Louis XVI, carrée, bronze doré, de *Coupri.*

263 — Pendule Louis XVI, à glaces, marbre vert de mer, bronze doré.

264 — Pendule Louis XV : Enfant au paon, bronze doré.

265 — Pendule Louis XVI : Enfant étude, bronze doré et bronze vert Louis XVI.

266 — Pendule Louis XVI : Femme à la boule, bronze et or.

266 *bis* — Pendule, à têtes de Cariatides-femmes, décor vernis or.

267 — Pendule Louis XVI : Enfant, trophée ; socle, marbre blanc, bronze doré et bronze vert Louis XVI.

268 — Pendule Louis XV, à socle, bronze vernis or.

269 — Pendule Louis XVI, à têtes de lions, bronze doré, sur ancien.

270 — Pendule Louis XIV, marqueterie et bronze doré. (*Collection Mallinet.*)

271 — Pendule Louis XIV, marqueterie et son support, bronze doré, sur ancien.

272 — Pendulette Louis XVI : Enfant au tambour, pied marbre griotte, bronze et or, sur ancien.

273 — Pendule Louis XVI : Les Trois Grâces, à mouvement tournant, sur ancien. (Du Palais de Fontainebleau.)

274 — Pendule Empire, à deux corps, marbre jaune de Sienne. Ancienne.

275 — Cartel Louis XV, à fleurs, bronze vernis or, sur ancien.

CANDÉLABRES
ET BOUTS DE TABLE

276 — Paire de candélabres Louis XIV. Boulle. Bronze doré. (De l'École des Beaux-Arts.)

277 — Paire de candélabres Louis XVI. Bronze doré.

278 — Paire de candélabres Louis XVI: Enfants, décor verni et bronzé, de *Hallou.*

279 — Grand lampadaire, trois griffes. Bronze doré.

280 — Paire de grands candélabres Louis XVI, à figures, de *Clodion*: bouquets à douze lumières. Bronze doré et bronze vert. (Garde-meuble National.)

281 — Paire de candélabres Louis XVI, à figures, de *Clodion* : bouquets à dix lumières. Bronze doré et bronze vert. (Réduction des précédents.)

282 — Paire de candélabres Louis XVI : Femmes, à neuf lumières, pieds marbre griotte. Bronze doré et bronze vert, sur ancien.

283 — Paire de candélabres Louis XVI: Femmes, de *Clodion*, quatre lumières. Bronze doré et bronze vert, sur ancien.

284 — Paire de candélabres Louis XVI : Femmes, à quatre lumières; pieds marbre blanc. Bronze doré et bronze vert, sur ancien.

285 — Paire de candélabres: Synagogue, à trois lumières. Cuivre rouge poli.

286 — Paire de candélabres Empire, à trois lumières, pour électricité. Bronze doré.

287 — Paire de candélabres japonais, à trois lumières. Cuivre poli.

288 — Paire de candélabres Louis XVI, à fleurs; vases marbre blanc. Bronze doré.

289 — Paire de grands candélabres: Femmes et enfants; bouquets fleurs de lys. Bronze doré.

290 — Paire de candélabre: Mercure et Fortune, à trois lumières; décor or et argent.

291 — Paire de candélabres : Femmes-cariatides, à neuf lumières; pieds marbre griotte à bas-reliefs. Bronzés.

292 — Paire de candélabres: Pieds de biches, à neuf lumières. Bronzés.

293 — Paire de candélabres : Chimères et palmettes, à cinq lumières. Bronze doré.

294 — Paire de candélabres : Trois pieds de biches ; statuettes : Faune et Bacchante. Bronzés.

295 — Paire de candélabres grecs, à cinq lumières. Statuettes : Faune, de *Michel-Ange*. Bronzés.

296 — Paire de candélabres : Têtes de lions, à cinq lumières. Bronzés.

297 — Paire de candélabres, griffes antiques, quatre lumières, pour le gaz. Bronzés.

298 — Paire de candélabres, plateau mascarons, à trois lumières. Bronzés.

299 — Paire de candélabres : Cariatides-femmes ; pieds marbre griotte, carrés. Bronzés.

300 — Paire de candélabres, pieds-de-biche et palmettes. Statuettes : Faune et Bacchante, bronze et or.

301 — Paire de bouquets, à six lumières, pour vases dorés.

302 — Paire de bouquets Louis XV, à quatre lumières, bronze vernis or.

303 — Deux statuettes : Femmes, de *Élias Robert*, pour éclairage.

304 — Quatre statuettes : Femmes, de *Élias Robert*, pour éclairage. (Ce lot sera divisé.)

305 — Paire de bouts de table persans, bronzés.

306 — Bout de table Ganimède, d'après l'antique (*Collection de Caylus*), or et argent; bout de table cigogne, or et argent; bout de table, vase serpent, or et argent; bout de table, plateau-médailles, bronze; deux bouts de table persans, bronzés. (Ce lot sera divisé.)

307 — Bout de table Louis XIV, bronze doré.

(*Collection Mallinet.*)

308 — Paire de girandoles Louis XV, à fleurs, à deux lumières, bronze doré, sur ancien.

309 — Paire de bouts de table Louis XVI, à deux lumières, bronze doré, sur ancien.

310 — Bout de table flamand pour piano, à deux lumières, bronze poli.

FLAMBEAUX

BOUGEOIRS ET LISEUSES

311 — Flambeau-bouillotte Louis XVI, à trois lumières, avec abat-jour, bronze doré, sur ancien.

312 — Flambeau-bouillotte Louis XVI, lampe à trois becs avec abat-jour, bronze doré.

313 — Deux liseuses Louis XIV, avec écrans soie, bronze doré.

314 — Liseuse antique, à deux lumières, avec abat-jour opale.

315 — Deux flambeaux Louis XVI : Femmes, à l'électricité, pieds marbre blanc, bronze et or, sur ancien.

316 — Deux flambeaux japonais, bronzés.

317 — Trois flambeaux, feuilles de tabac, bronzés.

318 — Quatre flambeaux : Volubilis, bronze vert. (Ce lot sera divisé.)

319 — Trois flambeaux-consoles, dorés; deux flambeaux-consoles, bronzés. (Ce lot sera divisé.)

320 — Deux flambeaux pieds-de-biches ornés, bronze doré.

321 — Deux flambeaux, petits pieds de biches, or et argent.

322 — Deux flambeaux, trépieds, bronze doré.

323 — Deux flambeaux bouillotte à plateaux, bronze vert.

324 — Deux flambeaux-médailles, bronze doré.

325 — Deux flambeaux petits faunes, bronze vert sur ancien.

326 — Deux flambeaux à cuirs, bronze vert.

327 — Deux flambeaux : Mercure et Fortune, bronze médaille.

328 — Flambeau cariatide, à l'électricité, bronze d'art et or.

329 — Deux flambeaux sacrifice pour piano Pleyel.

330 — Deux flambeaux Louis XIV, pieds à pans, bronze doré, sur ancien.

(*Collection Mallinet*).

331 — Deux flambeaux Louis XV, bronze argenté sur ancien.

332 — Deux flambeaux Louis XV, bas, bronze doré.

333 — Deux flambeaux Louis XIII, pied carré, bronze poli.

334 — Flambeau Louis XIII, rond, cuivre rouge ; flambeau Renaissance à Dauphins ; flambeau Renaissance, par *Benvenuto Cellini*. (Ce lot sera divisé.)

335 — Flambeau Louis XIII, bronze poli, sur ancien.

336 — Flambeau : têtes de lions, bronzé ; flambeau : lézard, bronzé ; flambeau : Tortue, bronzé. (Ce lot sera divisé.)

337 — Flambeau Louis XV, bronze doré.

338 — Flambeau Louis XVI, brûle-parfum, marbre blanc et bronze doré sur ancien.

339 — Deux flambeaux Louis XVI, cassolettes, bronze doré.

340 — Bougeoir arabe, bronze poli.

341 — Trois flambeaux persans.

342 — Bougeoir Louis XV, bronze doré.

343 — Bougeoir : insectes, doré ; bougeoir, pied à pans ; bougeoir persan, bronzé. (Ce lot sera divisé.)

344 — Deux bougeoirs : volubilis, bronze doré.

345 — Promeneuse, style persan, avec la verrine, bronze poli.

346 — Liseuse Louis XVI, à tringle, à deux lumières.

GLACES, COFFRETS

ENCRIERS, ARTICLES DE BUREAUX, ETC.

347 — Glace Renaissance, à quatre lumières, bronze poli.

348 — Glace Renaissance, à six lumières, bronze poli.

349 — Glace Renaissance, à deux lumières, vernis or.

350 — Miroir Louis XV, bronze argenté.

351 — Face à main avec plateau, style persan, décor émail.

352 — Miroir : Chimère, bronze vert, de *Lafont*.

353 — Miroir-face à main Louis XIV, bronze doré.

354 — Miroir Louis XV, bronze doré.

355 — Cadre Louis XVI, pour miniature, bronze doré.

356 — Coffret Louis XIII, grand modèle, vernis or, sur ancien.

357 — Coffret Louis XIII, petit modèle, vernis or, sur ancien.

358 — Coffret indien bronzé et coffret indien verni, sur ancien.

359 — Coffret Louis XV en argent.

360 — Deux vide-poches : Lotus, bronzés.

361 — Quatre vide-poches bacs japonais, bronzés.

362 — Encrier vasque, à deux coupes, bronzé.

363 — Encrier vasque, bronze vert.

364 — Encrier à bougie et deux godets, cuivre rouge et jaune.

365 — Encrier japonais, bronzé.

366 — Encrier japonais rond, argenté.

367 — Encrier persan, bronze poli.

368 — Encriers Louis XV, bronze doré, sur ancien.

369 — Encrier Louis XV, à coquille, bronze vernis or.

370 — Encrier bambou, deux godets, bronze poli.

371 — Encrier japonais à plateau et encrier japonais rond, bronzés. (Ce lot sera divisé.)

372 — Encrier Louis XVI, sur plateau laque et porcelaine de Chine. Monture bronze doré.

373 — Encrier Louis XVI, sur laque, à deux godets porcelaine. Monture orfèvrerie, bronze doré.

374 — Quatre plateaux grecs, antiques, bronzés et argentés. (Ce lot sera divisé.)

375 — Deux plateaux serpents, bronzés. (Ce lot sera divisé.)

376 — Plateau, art moderne, bronze doré.

377 — Plateau Louis XV, doré.

378 — Plateau laque ancienne et monture Louis XV, bronze doré.

379 — Encrier Louis XV, à deux godets, vernis or.

380 — Encrier Louis XV, à coquille, vernis or.

381 — Encrier Louis XV, petit modèle, vernis or.

382 — Deux porte-plumes persans, bronze poli et argenté.

383 — Calendrier éphéméride, bronze, or et argent.

384 — Huit sonnettes divers modèles, dorées ou bronzées. (Ce lot sera divisé.)

385 — Sept porte-allumettes divers. (Ce lot sera divisé.)

386 — Quatre essuie-plumes divers. (Ce lot sera divisé.)

387 — Quatre poudriers divers. (Ce lot sera divisé.)

388 — Deux mouille-timbres Louis XVI, bronzé et doré. (Ce lot sera divisé.)

389 — Deux plumiers persans et accessoires.

390 — Trophée : Astronomie, presse-papier, bronze doré.

391 — Porte-montre à pied, sur ancien.

392 — Neuf lampes de fumeurs, divers modèles, bronzées ou dorées. (Ce lot sera divisé.)

393 — Brûle-parfums persan.

LUSTRES

394 — Grand lustre Renaissance, formant plafonnier, à l'électricité, seize bougies et lampes intérieures. Très belle exécution. Bronze doré.

395 — Lustre Louis XVI, vase long, à huit lumières électriques, vernis or.

396 — Lustre Louis XVI, à quatre lampes électriques, vernis or.

397 — Plafonnier à six bougies électriques, vernis or.

398 — Lustre Louis XVI à cristaux, six lampes flammes électriques, vernis or

399 — Lustre Louis XVI, carquois à lumières, vernis or.

400 — Lustre Louis XVI, carquois et chaînes, à quatre lumières, vernis or.

401 — Lustre Louis XV, à cristaux, huit bougies et quatre lampes électriques.

402 — Lustre Louis XIV, à plaquettes, à douze lumières, bronze vernis or.

403 — Lustre Louis XV, à plaquettes, à trente lumières, vernis or.

404 — Lustre Louis XIV, à têtes de lions (Mazarin), à vingt-quatre lumières, vernis or.

405 — Lustre Louis XIV, à chûtes d'eau, à dix-huit lumières, vernis or.

406 — Lustre à cristaux, à douze lumières, vernis or.

407 — Lustre persan, à vingt lumières, bronze doré.

408 — Lustre persan, à vingt lumières, bronze doré.

409 — Lustre, à douze lumières et deux lampes, cuivre poli.

410 — Lustre hollandais, à douze lumières, cuivre poli.

411 — Lustre hollandais, à neuf lumières, au gaz, cuivre poli.

412 — Lustre hollandais, à trois plateaux, pour lampes.

413 — Lustre hollandais, à six lumières, à gaz.

414 — Lustre hollandais, à trois lumières, à gaz.

415 — Lustre gothique, à dix-huit lumières, cuivre rouge poli.

416 — Lustre grec : Panthères, à dix-huit lumières, vernis or.

417 — Suspension Louis XIV, à dix lumières, bronze doré.

418 — Suspension persane, lampe et neuf lumières, avec chaîne, bronze platiné.

419 — Veilleuse de chambre, style persan.

420 — Jardinière émaillée, style japonais.

421 — Lanterne Louis XVI, à l'électricité.

422 — Lustre Louis XVI, à trente-neuf lumières, vernis or.

423 — Lanterne Louis XV, vernis or.

424 — Plafonnier gothique, à l'électricité.

425 — Petite veilleuse Louis XVI, à l'électricité.

APPLIQUES ET BRAS DIVERS

426 — Deux bras Louis XYI : Faune et Bacchante, à quatre lumières électriques, bronze doré, sur ancien.

427 — Deux bras Louis XVI, à tête de bélier, à trois lumières, bronze doré, sur ancien.

428 — Deux bras Louis XVI : Carquois et rubans, d'après *Forty*, à trois lumières, vernis or.

429 — Deux grands bras Louis XVI, à trois lumières électriques, vernis or, sur ancien.

430 — Deux bras Louis XVI : Ruban et fleurs, à deux lumières électriques, vernis or, sur ancien.

431 — Deux bras Louis XVI : Vase à draperies, à trois lumières, vernis or.

432 — Bras Louis XVI, à cariatide, à deux lumières électriques, vernis or, sur ancien.

433 — Bras Louis XVI : Thyrse, à deux lumières électriques, vernis or, sur ancien.

434 — Bras Louis XVI : Consoles et vase, à trois lumières, vernis or, sur ancien.

435 — Bras Louis XVI : Branches à graines, à trois lumières, vernis, or sur ancien.

436 — Deux bras Empire, à trois lumières, or et bronze vert.

437 — Deux bras grecs : Faune danseur, à deux lumières à gaz, bronzés.

438 — Grand bras Louis XVI, à trois lumières, bronze vernis or.

439 — Bras-culot Louis XVI, à deux lumières électriques, vernis or.

440 — Bras Louis XVI : Guirlandes de laurier, à deux lumières, vernis or.

441 — Deux petits bras Louis XVI électriques, pour psyché, bronze doré.

442 — Deux petits bras Louis XVI électriques, pour psyché, bronze vernis or.

443 — Trois appliques, à cuirs découpés, à l'électricité, vernis or.

444 — Deux bras Louis XIV : Trois têtes de femmes, à deux lumières électriques, vernis or, sur ancien.

445 — Deux bras Louis XIV, mascaron : Hercule, à deux lumières, vernis or, sur ancien.

446 — Deux bras Louis XIV, à grand mascaron, à cinq lumières, vernis or, sur ancien.

447 — Deux bras Louis XIV, à cinq lumières, cuivre poli, sur ancien.

448 — Deux bras: Tête de Louis XIV, à trois lumières, vernis or, sur ancien.

449 — Deux bras Louis XIV, à gaîne, à trois lumières, vernis or.

450 — Deux bras Louis XIV, à gaine, à six lumières, vernis or.

451 — Bras Louis XVI : carquois, vase à flamme, à trois lumières, vernis or.

452 — Deux bras Louis XIV, à une lumière, vernis or.

453 — Deux bras, style persan, à cinq lumières, vernis or.

454 — Bras-potence: Tête d'aigle, et lustre à six lumières, bronzé ; deux lampes grecques à trois becs, à gaz.

CHENETS

455 — Deux chenets Renaissance, à figures, bronze et or, sur ancien.

456 — Deux chenets Louis XIII, à fleurs de lys, cuivre poli.

457 — Deux chenets Louis XIV, à médaillon, vernis vieil or, sur ancien.

458 — Deux chenets Louis XIV : Sphynx, vernis et bronze, sur ancien.

459 — Deux chenets Louis XIV : Jupiter et Junon, vèrnis et bronze, sur ancien.

460 — Deux chenets Louis XIII, cuivre poli.

461 — Deux chenets Louis XV : Enfants musiciens, vernis or.

462 — Deux chenets Louis XV, à enfants, vernis or, sur ancien.

463 — Deux chenets Louis XV, à enfants : Moisson, vernis or, sur ancien.

464 — Deux chenets Louis XVI, vernis or.

465 — Deux chenets, fer forgé.

TABLES, GUÉRIDONS DIVERS

466 — Table du *British Museum*, plateau marbre griotte, bronze et or.

467 — Table du *British Museum*, plateau onyx, bronzée.

468 — Table jardinière, du Musée de Naples, bronze vert antique.

469 — Table-griffes, antique, du Musée du Louvre.

470 — Trépied, vieux fer forgé. Travail italien.

www.ingramcontent.com/pod-product-compliance
Ingram Content Group UK Ltd.
Pitfield, Milton Keynes, MK11 3LW, UK
UKHW020509180726
13839UKWH00004B/1991

9 782329 544588